De coração a Coração

Três orações ao Coração de Jesus

Henri J. M. Nouwen

De coração a Coração

Três orações ao Coração de Jesus

Tradução
Fernanda Freire
Mariza Marques de Athayde
Manuel Eduardo Iglesias, SJ

Edições Loyola

Título original:
Heart Speaks to Heart – Three Prayers to Jesus
© 1989, by Ave Maria Press, Notre Dame, Indiana 46556
ISBN 0-87793-388-X

Capa: Viviane Bueno Jeronimo
Vitral da igreja de Santa Efigênia, São Paulo.
https://commons.wikimedia.org/wiki/File:Vitral_em_
Igreja_Santa_Efigenia.jpg
Diagramação: Miriam de Melo Francisco
Revisão: Cristina Peres

Edições Loyola Jesuítas
Rua 1822, 341 – Ipiranga
04216-000 São Paulo, SP
T 55 11 3385 8500/8501 • 2063 4275
editorial@loyola.com.br
vendas@loyola.com.br
www.loyola.com.br

Todos os direitos reservados. Nenhuma parte desta obra pode ser reproduzida ou transmitida por qualquer forma e/ou quaisquer meios (eletrônico ou mecânico, incluindo fotocópia e gravação) ou arquivada em qualquer sistema ou banco de dados sem permissão escrita da Editora.

ISBN 978-85-15-02143-7

2ª edição: 2002

© EDIÇÕES LOYOLA, São Paulo, Brasil, 2001

SUMÁRIO

Prefácio 7
I. "Vinde a mim..." 15
II. O soldado abriu seu lado com uma lança... 29
III. "Vede, aqui estão as minhas mãos..." 43
Epílogo 55

PREFÁCIO

Este pequeno livro de orações tem uma história própria.

De agosto de 1985 a julho de 1986, morei em Trosly, França, numa comunidade da Arca. A Arca é uma rede mundial de comunidades onde pessoas com problemas mentais e seus assistentes tentam viver juntos no espírito das Bem-aventuranças. Ela foi fundada em 1964, pelo canadense Jean Vanier e pelo dominicano francês Thomas Philippe, na pequena aldeia de Trosly-Breuil.

Quando cheguei a Trosly, recebi um quarto na casa da Sra. Pauline Vanier, uma das pessoas mais vibrantes, articuladas e espirituosas que conheci. Ela é mãe de Jean Vanier e viúva de Georges Vanier, ex-governador-geral do Canadá. Ficar amigo de "mamãe" Vanier foi uma das graças especiais de meu ano em Trosly, e aquela amizade levou-me a escrever estas orações.

Tudo começou com um ícone que Robert Lentz fez para mim, retratando João Evangelista inclinado sobre o peito de Jesus, na Jerusalém celeste. Conhecido como "O Noivo", o ícone é a melhor expressão de meu próprio desejo de desenvolver uma amizade mais íntima com Jesus.

Mandei fazer algumas fotos em tamanho grande da obra, uma delas emoldurada para dar de presente de Natal a "mamãe" Vanier. Ela não apenas gostou da foto e lhe deu um lugar especial em sua sala de estar, mas também expressou sua gratidão falando-me a respeito de sua profunda devoção ao Coração de Jesus.

Apesar de buscar uma relação pessoal mais profunda com Jesus, eu nunca havia sentido nenhum grande desejo de orar ao "Sagrado Coração".

A piedade do século XIX e as imagens nas quais foi expressa mantiveram-me afastado da devoção que para muitas pessoas tem sido um alimento. Por isso, fiquei bastante hesitante quando "mamãe" Vanier tocou no assunto. Mas o modo com que me falou sobre isso foi diferente do que eu esperava.

Ela me falou a respeito de Pe. Almire Pichon, SJ, um jesuíta que por algum tempo foi diretor espiritual de Teresa de Lisieux. Ele também tinha sido diretor espiritual da mãe de Pauline Vanier e plantou em seu coração e em sua mente uma sólida e profunda devoção ao Sagrado Coração. Para ela, Almire Pichon foi um verdadeiro homem de Deus, profundamente imerso no mistério do Sagrado Coração. "Mamãe" Vanier se lembrava perfeitamente daquele homem santo e estava convencida de que sua própria devoção profunda ao Sagrado Coração lhe foi concedida por meio de sua mãe e de Pe. Pichon.

Algum tempo depois, falando novamente sobre isso, ela disse com grande convicção e com um claro tremor na voz: "Henri, tenho certeza de que Deus quer que você escreva sobre o Sagrado Coração". Fui tomado de surpresa e não escondi minha hesitação. "Bem", eu disse, "não acho que possa fazê-lo. Simplesmente não me acho a pessoa certa para isso. Não há nada que me inspire a escrever sobre o Sagrado Coração."

Ela não falou mais no assunto, mas, logo depois, foi a meu quarto no segundo andar, coisa que nunca fizera. Como ela tinha 87 anos e dificuldade para andar, subir a meu quarto exigia um esforço e uma razão especiais. Assim que ela se sentou na pequena cadeira de madeira perto de minha mesa, disse: "Henri, o pensamento de que você deve escrever sobre o Sagrado Coração não me deixa. Tenho certeza de que não é só uma idéia tola de uma velha, mas uma verdadeira inspiração que me vem".

A firmeza de seus olhos e a autoridade de sua voz fizeram-me perceber que aquele não era o momento para teimar com ela. Então eu disse: "Eu a estou ouvindo e levando a sério o que a senhora me diz, mas também devo dizer-lhe que não tenho idéia de como e nem quando eu possa fazer isto".

Ela sorriu e disse: "Bem, você vai saber e eu continuarei a lhe lembrar sempre. Eu sou uma velha obstinada e, além disso, não tenho medo de pressioná-lo um pouco, especialmente quando sei que o que lhe estou dizendo vem de Deus".

Comecei a rir e disse: "Eu sei que a senhora ficará me cobrando. Prometo-lhe permanecer escutando, mas a senhora tem de ser paciente". Ela olhou-me com muito carinho, mas também com muita determinação, e disse: "Não posso ser paciente demais porque não sou jovem e gostaria de ver isso terminado antes que o Senhor me chame para sua morada!"

Depois daquela visita memorável, desenvolvemos um pequeno jogo no qual ela dizia: "Henri, você não se esqueceu, não é?", e eu respondia: "Não, não me esqueci, mas ainda não chegou a hora". Mais tarde, quando me mudei para Toronto e nos falávamos ocasionalmente por telefone, ela continuava dizendo: "Você não se esqueceu, não é?". E, algumas vezes, amigos comuns vinham visitar-me e diziam que não sabiam o que significava, mas que "mamãe" Vanier pedia-lhes que me perguntassem se eu tinha esquecido.

Minha própria vida tornou-se muito ocupada, especialmente depois que decidi mudar-me para Daybreak, comunidade da Arca, em Toronto, para morar e trabalhar lá como sacerdote. O tempo para escrever era mínimo e escrever sobre o Coração de Jesus parecia cada vez mais distante de minha mente.

Contudo, um esgotamento emocional e físico forçou-me a afastar-me por um longo tempo. Deixei Daybreak e fui para uma comunidade em Winnipeg, Manitoba, para buscar cura e novas forças. Quando a Semana Santa estava se aproximando, senti um forte desejo de celebrar a Paixão e Ressurreição de Jesus em profundo recolhimento. Perguntei aos trapistas na Holanda, Manitoba, se poderia juntar-me a eles para a Semana Santa e a Páscoa. Enquanto me preparava para passar esse tempo com eles, as palavras de "mamãe" Vanier voltaram à minha mente. Telefonei para minha amiga, Annice Callahan, RSCJ, que tinha escrito profusamente sobre o Sagrado Coração, e solicitei que me enviasse alguns livros sobre o assunto. Ela gentilmente enviou-me uma caixa repleta de bibliografia, que carreguei para o mosteiro. A Semana Santa parecia ser o tempo certo para escrever sobre o Coração de Jesus.

Bem, foi e não foi! Assim que me instalei no mosteiro, constatei que tinha ido para fazer silêncio e orar, e não para estudar os últimos livros sobre o Sagrado Coração. Eu sabia que não ia dar certo. Durante os primeiros dias da Semana Santa, fiz algumas leituras, especialmente dos textos sobre o Coração de Cristo escritos por Pedro Arrupe, SJ, quando ele era o Superior-Geral da Companhia de Jesus. A coleção, intitulada *Só nele... a esperança* (Loyola, São Paulo, 1983) tocou-me profundamente e provocou um novo desejo de penetrar mais a fundo no mistério do amor de Deus, tal como foi vivido na Paixão e Ressurreição de Jesus.

Mas algo mudou em mim. Eu não queria mais escrever *sobre* o Coração de Jesus. Em meu próprio coração comecei a discernir um desejo real de falar *ao* Coração de Jesus e ser ouvido. De todo modo, o pedido de "mamãe" Vanier não mais parecia um pedido para escrever uma interpretação contemporânea da devoção ao Sagrado Coração, mas um convite para deixar o Coração de Jesus tocar profundamente meu próprio coração e curar-me por meio dessa experiência.

A dor de ter de deixar Daybreak por um tempo e não poder estar lá na Semana Santa e na Páscoa feriu profundamente meu coração. Em alguns momentos, isto parecia difícil de tolerar. Mas, assim que olhava

Prefácio

para Jesus lavando os pés de seus discípulos e partilhando com eles seu corpo e sangue; sendo açoitado, coroado com espinhos e pregado na cruz; aparecendo a seus discípulos e mostrando-lhes as chagas em suas mãos, pés e lado, eu descobri que tinha vindo para orar e deixar minhas feridas unirem-se às feridas de meu Senhor crucificado e ressuscitado.

Quando a Quinta-feira Santa chegou, comecei a escrever para Jesus – de coração a Coração. Eu também escrevi na Sexta-feira Santa e no Domingo de Páscoa. Não li nenhum artigo ou livro. Simplesmente orava enquanto escrevia e escrevia enquanto orava. Foi fácil: veio sem esforço. As palavras simplesmente afloravam à minha mente e eu percebia que estava fazendo exatamente o que "mamãe" Vanier esperava desde o começo. Ela queria que eu orasse, e orasse de todo o meu coração; ela sabia que o Coração de Jesus abriria meu coração para a prece.

I
"*Vinde a mim...*"

"Vinde a mim, todos vós que estais cansados sob o peso do fardo, e eu vos darei descanso. Tomai sobre vós meu jugo e sede discípulos meus, porque eu sou manso e humilde de coração, e encontrareis descanso para vossas almas. Sim, meu jugo é fácil de carregar e meu fardo é leve."

Mateus 11,28-30

Querido Senhor Jesus,

Tu, Palavra eterna, por quem todas as coisas foram criadas, te tornaste carne entre nós e assim pudeste falar conosco, andar conosco, orar conosco; sim, até mesmo morrer conosco. Tu te tornaste humano entre outros seres humanos e, assim, nada de humano seria estranho a ti, de tal modo que em todas as coisas podias ser como nós, exceto no pecado.

Sendo assim, mostraste-nos o imenso amor Daquele que te enviou, teu Pai celeste. Através de teu coração humano podemos vislumbrar o divino amor com que somos amados e com o qual tu mesmo nos amas, porque tu e teu Pai sois um.

É tão difícil para mim acreditar totalmente no amor que brota de teu Coração. Eu sou tão inseguro, tão medroso, tão hesitante e desconfiado. Enquanto digo com minhas palavras que acredito em teu total e incondicional amor, continuo procurando afeto, apoio, aceitação e elogio entre meus semelhantes, sempre esperando deles o que somente tu podes dar.

Ouço claramente tua voz dizendo: "Vinde a mim, todos vós que estais cansados sob o peso do fardo... porque eu sou manso e humilde de coração", e ainda corro em outras direções como se não confiasse em ti, sentindo-me de alguma maneira seguro na companhia de pessoas cujos corações estão divididos e freqüentemente confusos.

Ó Senhor, por que necessito tanto de apoio e elogio humano, mesmo quando a experiência me diz como é limitado e condicional o amor que vem do coração humano? Muitas pessoas têm demonstrado seu amor e afeto por mim; muitos me dizem palavras de afirmação e encorajamento; muitas têm sido generosas e clementes comigo... Mas ninguém pôde tocar no lugar profundo e escondido onde meu medo e minha solidão habitam.

Só tu conheces este lugar, Senhor. Está escondido até mesmo de mim, e somente em momentos de grande angústia tomo consciência dele. Então percebo como sou solitário, marcado por uma solidão que não pode ser removida por nenhum outro ser humano pecador. Minha mais profunda solidão só pode despertar a mesma solidão nos outros e criar neles medo e angústia, em vez de amor e cura. Minha própria angústia provoca imediatamente angústia nos outros. Faz com que eles se lembrem de seu próprio vazio e isolamento. Torna-os conscientes de que não há espaço suficiente neles para abraçar seus semelhantes. Uma solidão humana não pode curar a outra.

Teu Pai celestial viu o desespero da humanidade. Ele viu a ganância, a luxúria, a raiva o ressentimento, a violência e a destruição com que nós, teu povo, tentamos encontrar um caminho para a paz e a harmonia. Em vez desta paz, nós encontramos somente conflito e guerra.

Mas o amor de teu Pai foi tão ilimitado que ele quis que conhecêssemos este amor e, nele, encontrássemos a realização de nossos mais profundos desejos. Então, ele te enviou a nós, com um coração humano grande o suficiente para acolher toda a solidão e angústia humanas. Teu coração não é um coração de pedra, mas um coração de carne; teu coração de carne não é limitado pelo pecado e pela infidelidade, mas é tão largo e profundo quanto o próprio amor divino! Teu coração não discrimina entre rico e pobre, amigo e inimigo, mulher e homem, escravo e livre, pecador e santo. Teu coração está aberto para receber qualquer um com um amor total e irrestrito. Há espaço para qualquer um que deseje encontrar-te. Tu desejas atrair todas as pessoas para ti e oferecer-lhes um lar onde todos os desejos humanos sejam realizados, todas as aspirações alcançadas e todas as necessidades satisfeitas.

Mas teu coração é manso e humilde. Tu não forças; não puxas nem empurras; não pressionas. Tu desejas que cada um rume livremente para teu Coração e confie que encontraremos nele a paz e a alegria que tanto desejamos. Tu não exiges nada de nós; não esperas nenhum grande ato de generosidade; não esperas por gestos heróicos ou sinais dramáticos. A única coisa que desejas é a confiança. Só podes dar teu Coração àqueles que vêm a ele confiantes.

Tu nos alcançaste primeiro. Disseste claramente: "Não foi você que me escolheu; não, eu escolhi você". Escolher-nos é teu grande ato de confiança. Confiaste que em nosso coração vulnerável, quebrado e pecador encontra-se o potencial para alcançar teu coração e dizer: "Senhor, a quem iremos? Tu tens mensagem de vida eterna e nós acreditamos; sabemos que tu és o santo de Deus". Tudo o que esperas é o nosso simples e confiante "sim".

"Vinde a mim..."

Fizeste tudo para nos mostrar teu amor e o amor de teu Pai. Tu te tornaste uma criança dependente e pequena para te revelares em tua própria fragilidade; tornaste-te um refugiado no Egito para nos mostrar tua solidariedade com todos aqueles que são expulsos de seus lares; cresceste em obediência a teus pais para nos mostrar o quanto estás perto quando procuramos uma verdadeira identidade; trabalhaste durante muitos anos como simples carpinteiro para nos mostrar como desejavas estar conosco em nosso trabalho diário; foste tentado no deserto para nos mostrar como resistir às forças do mal a nosso redor; cercaste-te de discípulos para nos mostrar como partilhar nossos pontos de vista com outras pessoas e trabalhar juntos no ministério; pregaste a Palavra de Deus para nos mostrar tua verdade e como nos tornarmos, nós mesmos, testemunhas da verdade; curaste os doentes e ressuscitaste os mortos para nos mostrar que tua presença deu vida à pessoa como um todo: corpo e alma; foste transfigurado para nos mostrar teu divino esplendor; percorreste a longa estrada do sofrimento e da morte para nos mostrar que não querias permanecer totalmente fora, mesmo na mais penosa de todas as experiências humanas. Tu, eterna Palavra do Pai, fizeste escolhas que te deixaram cada vez mais próximo de nós, para revelar-nos o amor sem fronteiras de teu Coração.

Ó Senhor, tudo o que queres de mim é um simples "sim", um simples ato de confiança, para que tuas escolhas por mim possam produzir frutos em minha vida. Não quero que passes ao largo de minha vida. Não quero estar tão ocupado com meu estilo de vida, meus planos e projetos, meus parentes, amigos e conhecidos, que nem perceba que estás comigo, mais íntimo que o mais íntimo de mim mesmo. Não quero ficar cego para os gestos de amor que vêm de tuas mãos, nem surdo às palavras carinhosas que vêm de tua boca. Quero ver-te enquanto andas comigo e ouvir-te quando me falas.

Teu coração é tão cheio de desejo de me amar, que arde com um fogo que me aquece. Desejas tanto dar-me um lar, um senso de pertença, um lugar para habitar, um abrigo onde eu me sinta protegido e um refúgio no qual me sinta seguro. Estás em muitas praças e esquinas de minha vida e dizes com muita ternura: "Venha e veja, venha e fique comigo. Quando estiver sedento, venha a mim...quem confia em mim, venha e beba. Venha quem estiver cansado, exausto, deprimido, sem coragem e desanimado. Venha quem sentir dor no corpo, fadiga na mente ansiosa e dúvida e angústia no fundo de seu coração. Venha e saiba que vim para lhe dar um novo coração e um novo espírito, até mesmo um novo corpo, no qual as marcas das lutas da vida possam ser vistas como sinais de beleza e esperança. Venha a mim e confie em mim. Na casa de meu Pai há muitas moradas. Estou indo agora preparar um lugar para você; e depois que eu for e lhe tiver preparado um lugar, retornarei e o levarei comigo, para que você possa estar onde eu estiver".

Escuto tuas palavras, Jesus. Quero escutá-las com todo o meu ser, de tal maneira que elas possam tornar-se carne em mim e formar uma morada para ti. Ajuda-me a fechar as muitas portas e janelas de meu coração, através das quais eu fujo de ti, ou através das quais deixo entrar palavras e sons que não vêm de ti, mas de um mundo violento, que quer puxar-me para longe de ti.

Estou olhando para ti, Senhor. Disseste tantas palavras amáveis. Teu coração falou tão claramente. Agora, queres mostrar-me ainda mais claramente o quanto me amas. Sabendo que teu Pai deixou todas as coisas em tuas mãos, que vieste de Deus e retornarás a Ele, retiras tuas vestes e, tomando uma toalha, a passas em volta da cintura, derramas água numa bacia, começas a lavar meus pés e depois os enxugas com a toalha.

Ó Senhor, tu te ajoelhas diante de mim; seguras meus pés descalços em tuas mãos, levantas teus olhos para mim e sorris. Dentro de mim sinto surgir um protesto: "Não, Senhor, tu jamais lavarás meus pés". É como se eu estivesse resistindo ao amor que me ofereces. Quero dizer: "Não me conheces realmente, meus sentimentos sombrios, meu orgulho, minha luxúria, minha ganância. Posso falar as palavras certas, mas meu coração está tão longe de ti. Não, eu não sou suficientemente bom para te pertencer. Deves ter outra pessoa em mente, não eu". Mas olhas para mim com tanta ternura, dizendo: "Desejo que você fique comigo. Desejo que tenha uma participação plena em minha vida. Desejo que me pertença, assim como eu pertenço a meu Pai. Desejo deixá-lo completamente limpo, de modo que você e eu possamos ser um e para que você possa fazer com os outros o que eu fiz a você". Tenho de dissipar todos os meus medos, desconfianças, dúvidas e angústias e, simplesmente, deixar que me purifiques e me faças teu amigo, a quem amas com um amor sem limites.

Estou olhando-te, novamente, Senhor. Estás em pé e convidas-me à mesa. Enquanto comemos, tu tomas o pão, o abençoas, partes e o dás a mim. "Tome e coma", dizes, "Este é meu corpo entregue por você". Então, tomas um cálice e, depois de dar graças, o entregas a mim dizendo: "Isto é meu sangue, o sangue da nova aliança derramado por você". Sabendo que chegou tua hora de passar deste mundo para teu Pai, e tendo me amado, tu agora me amas até o fim. Tu me ofereces tudo o que tens e o que és. Derramas sobre mim todo o teu ser. Todo o amor por mim que tens no coração fica agora manifesto. Tu lavas os meus pés e depois me ofereces o teu próprio corpo e sangue como comida e bebida.

Ó Senhor, a que outro lugar eu poderia ir, senão a ti, para encontrar o amor que tanto desejo? Como posso esperar de pecadores como eu um amor que possa tocar as mais recônditas entranhas de meu ser? Quem pode purificar-me como tu e dar-me alimento e bebida como tu? Quem deseja que eu esteja tão próximo, tão íntimo e protegido quanto tu? Ó Senhor, teu amor não é um amor inatingível, um amor que fica em palavras e pensamentos. Não, Senhor, teu amor é um amor que brota de teu coração humano. É um amor do coração, que se expressa por todo o teu ser. Falas... olhas... tocas... ofereces-me alimento. Sim, fazes de teu amor um amor que atinge todos os sentidos de meu corpo e me carrega como uma mãe carrega sua criança, me abraça como um pai abraça seu filho e me toca como um irmão toca sua irmã, seu irmão.

Ó querido Jesus, teu coração é todo amor. Eu te vejo; te escuto; te toco. Com todo o meu ser eu sei que tu me amas.

Confio em ti, Senhor, mas continua me ajudando em meus muitos momentos de desconfiança e dúvida. Eles existem e existirão todas as vezes em que eu desviar meus olhos, ouvidos, ou minhas mãos de ti. Por favor, Senhor, permanece chamando-me de volta de dia e de noite, na alegria e na tristeza, nos momentos de sucesso e nos de fracasso. Nunca me deixes abandonar-te. Eu sei que caminhas comigo. Ajuda-me a caminhar contigo, hoje, amanhã e sempre.

II
O soldado abriu seu lado com uma lança...

Entretanto, como era o dia da Preparação, os judeus, para que os corpos não ficassem na cruz durante o sábado – esse sábado era um dia particularmente solene – pediram a Pilatos que mandasse quebrar as pernas e os retirasse. Os soldados vieram, portanto, e quebraram as pernas do primeiro e a seguir do segundo dos que foram crucificados com ele. Chegando a Jesus, verificaram que já estava morto; e não lhe quebraram as pernas. Mas um dos soldados feriu-lhe o lado com a lança e, imediatamente, saiu sangue e água. O que viu deu testemunho, e seu testemunho é conforme à verdade; e, além disso, aquele sabe que ele diz a verdade, a fim de que vós também creiais. Com efeito, tudo isso aconteceu para que se cumprisse a Escritura: *Nenhum de seus ossos será quebrado*; e há também outra passagem da Escritura que diz: *Eles olharão para aquele que traspassaram.*

João 19,31-37

Querido Senhor Jesus,

Tu, "imagem do Deus invisível, primogênito de toda a criação, por quem todas as coisas, visíveis e invisíveis, foram criadas, no céu e na terra", pendes morto de uma cruz. Eu te contemplo. Acabas de pronunciar tuas últimas palavras: "Tudo está consumado!", e de entregar teu espírito.

Deste tudo. Tu "te esvaziaste a ti mesmo, tornando-te um escravo; tu te humilhaste ao aceitar a morte, morte de cruz". Teu corpo foi inteiramente doado por mim; teu sangue foi totalmente vertido por mim. Tu, que és o amor, não retiveste nada para ti, mas deixaste todo o amor fluir a partir de teu Coração para dar fruto em mim.

Contemplo teu corpo sem vida na cruz. Os soldados que quebraram as pernas dos dois homens que foram crucificados contigo não quebraram as tuas, mas um deles abriu teu lado com uma lança e, imediatamente, sangue e água fluíram da ferida. Teu Coração está partido, o Coração que não conhecia ódio, vingança, ressentimento, ciúme ou inveja, mas somente amor; um amor tão profundo e tão grande que abraça tanto teu Pai Celestial, quanto toda a humanidade, no tempo e no espaço. Teu Coração partido é a fonte de minha salvação, o alicerce de minha esperança, a causa de meu amor. Ele é o lugar sagrado onde tudo isto estava, está e sempre estará mantido em unidade. Aí, todo o sofrimento foi sofrido, toda a angústia vivida, toda a solidão suportada, todo o abandono sentido e toda a agonia chorada. Aí, o amor humano e o divino se beijaram, Deus e todos os homens e mulheres da história foram reconciliados. Aí, todas as lágrimas da raça humana foram choradas, todas as dores entendidas e todo o desespero tocado. Juntamente com todos os povos, de todos os tempos, elevo os olhos a ti, a quem eles feriram, e gradualmente começo a entender o que significa ser parte de teu corpo, de teu sangue, o que significa ser humano.

O soldado abriu seu lado com uma lança...

Ó Jesus, foste enviado a nós não para nos condenar, mas para revelar-nos teu amor e o amor de teu Pai. Quanto teu coração desejava doar este amor a mim e a todas as pessoas! Teu único desejo foi que aceitássemos esse amor e deixássemos que ele nos transformasse em filhos de teu Pai – teus irmãos e irmãs. E quanto tu quiseste ser amado! Sim, Jesus, tu te tornaste vulnerável para poder receber amor de pessoas vulneráveis. Tu querias ser amado pelas pessoas. Tu querias ser amado por aqueles que vieste salvar. Teu coração é um coração completamente aberto para dar e receber amor.

Mas aqui estás, pregado na cruz. Teu coração está partido. O amor que vieste dar não foi recebido; o amor que vieste receber não foi dado. Teu coração, aquele coração humano transbordando amor divino, está partido. Rejeitado, desprezado, cuspido, escarnecido, açoitado e coroado com espinhos, tu estás suspenso em tua cruz. Todos aqueles que encorajaste com tuas palavras, livraste de seus demônios e curaste de suas enfermidades foram embora. Teu amigo, Judas, te traiu; teu amigo, Pedro, te negou. Ninguém pôde ficar de vigília contigo em tua agonia e não puderam nem mesmo perceber a profundidade de teu amor por eles.

Eu te contemplo, Senhor, e vejo teu lado ferido, o lugar onde teu coração está partido. E quando eu olho, meus olhos começam a reconhecer a angústia e a agonia de todas as pessoas por quem tu te entregaste. Teu coração partido torna-se o coração de toda a humanidade, o coração de todo mundo. Que angústia! Que agonia! Tu os carregas a todos: crianças abandonadas, esposas e maridos rejeitados, famílias destruídas, os sem-teto, refugiados, prisioneiros, mutilados e torturados e milhares, sim, milhões que não são amados, que são esquecidos e abandonados à morte. Vejo seus corpos definhados, seus rostos desesperados, seus olhares angustiados. Eu os vejo a todos lá, onde teu corpo está ferido e teu coração, dilacerado. Ó Senhor compassivo, teu coração está partido por causa de todo o amor que não é dado nem recebido. Todas as pessoas, do passado, do presente e aqueles que ainda não nasceram, podem elevar os olhos a ti e ver sua própria angústia e agonia em tua cruz.

Ó querido Jesus, olhando teu lado ferido, vejo sangue e água vertendo. A pessoa que presenciou este fato viu-o como um sinal de que tu eras aquele de quem as Escrituras falavam, e passou adiante o que viu para que eu também pudesse acreditar em ti, de quem nenhum osso foi quebrado, e erguer meus olhos para ti, a quem eles feriram com uma lança.

Sangue e água saíram de teu lado ferido. Sangue e água fluíram de teu coração partido. Senhor Jesus, ajuda-me a entender este mistério. Tanto sangue foi derramado ao longo dos séculos: sangue de pessoas que nem sabiam por que estavam sendo pisoteadas, mutiladas, torturadas, assassinadas, decapitadas e por que ficaram insepultas; sangue causado por espadas, flechas, armas e bombas, manchando a face de milhões de pessoas; sangue que sai de corações irados, amargos, ciumentos e vingativos e de corações que foram instigados pelo ódio, pela violência e pela destruição. O sangue vem cobrindo a terra desde Abel, morto por seu irmão, até os judeus, armênios, ucranianos, irlandeses, iranianos e iraquianos, palestinos e sul-africanos e inúmeros grupos étnicos e nações, vitimados pela má intenção de seus irmãos e irmãs da raça humana, e seus clamores subiram aos céus: "Meu Deus, meu Deus, por que nos abandonaste?".

Ó Jesus, eu olho dentro de meu próprio coração e para minhas mãos e também neles encontro sangue. Meu próprio coração parece um microcosmo do mundo de violência e destruição em que vivemos. Não matei com minhas mãos, mas será que conheço profundamente os sentimentos de meu coração? Sentimentos que não são diferentes dos sentimentos daqueles a quem as circunstâncias levaram a açoitar e destruir. Será que posso afirmar com certeza que minhas mãos estão limpas? Tão freqüentemente elas foram instrumentos de cobiça e luxúria, impaciência e ira, acusação e recriminação. Sei que muitas vezes elas foram usadas para golpear, em vez de acariciar; sei que elas com freqüência ficaram fechadas, em vez de expressarem um gesto de paz e reconciliação. Sei quão freqüentemente elas tomaram, em vez de dar, e apontaram um dedo acusador aos outros, em vez de baterem em meu próprio peito. Sei quantas vezes elas fizeram sinais para amaldiçoar, em vez de sinais de paz. Também há sangue em minhas mãos, até mesmo quando não percebo. Não posso lavar minhas mãos inocentemente. Pecador, culpado e profundamente envergonhado, só posso abrigar-me sob tua cruz, sabendo que minhas mãos são mãos de uma humanidade manchada de sangue.

Contemplo teu lado ferido e vejo sangue vertendo dele. Teu coração não conhece vingança, somente perdão; nenhuma inveja, somente encorajamento; nenhum ressentimento, somente gratidão; nenhum rancor, somente paz. Teu coração é um coração em que o mal não tem lugar; só o amor. O sangue que flui de teu coração é o sangue do Cordeiro inocente, por quem os pecados do mundo foram perdoados. Aquilo que o sangue de carneiros e touros não conseguiu, teu sangue o realizou. Tu, querido Senhor, Cordeiro Santo, sem mácula e inocente, és o único que pode verdadeiramente oferecer um sacrifício a Deus e, assim, entrar no santuário celeste, onde queres levar-me contigo à presença de teu Pai. Teu precioso sangue brota de teu Coração partido para curar meu coração partido e o coração de cada homem e mulher em todo tempo e lugar.

 Contemplo teu lado ferido e vejo não só sangue, mas água, vertendo dele. Assim como o sangue, a água pode ser um sinal de destruição. O grande dilúvio do tempo de Noé e as incontáveis enchentes que ocorreram em toda a história da humanidade mostram isso claramente. Mas a água que flui de teu lado é uma dádiva vivificante. Ela não é só uma água que lava meus pecados, mas água que me traz para uma nova terra, um novo lar, uma nova comunidade. É a água do Mar Vermelho, através do qual teu povo foi tirado do Egito. É a água que jorra da pedra no deserto para saciar a sede de teu povo. É a água do Jordão, que o povo e a Arca da Aliança atravessaram para entrar na terra prometida. É a água que fluiu do Templo, tornando-se cada vez mais profunda. É a água com a qual tu mesmo foste batizado por João. É a água que transformou-se em vinho em Caná. É a água que cura na piscina de Betesda. É a água com a qual lavaste os pés de teus discípulos.

 Sim, meu Senhor, a água que flui de teu lado é tudo isto, mas muito mais do que isto também, porque é a água pela qual nos dás o mais íntimo de ti e nos fazes parte de tua comunhão com teu Pai; é água que se torna um manancial em nós, brotando para a vida eterna. Sim, Senhor, a água que flui de teu coração partido me transforma em nova pessoa, um filho de teu Pai e teu irmão. É a água do batismo que foi aspergida sobre mim e tantos outros e que nos introduziu na nova comunidade moldada pelo teu Espírito.

Obrigado, Jesus, pelo mistério de teu coração partido, um coração partido por nós, que tornou-se agora fonte de perdão e vida nova. O sangue e a água que fluem de teu lado me mostram a vida nova que é dada a mim em tua morte. É uma vida de comunhão íntima contigo e com teu Pai. Mas é também uma vida que me chama a pôr tudo o que sou a serviço de teu amor para o mundo. É uma vida de alegria, mas também de sacrifício. É uma vida gloriosa, mas também de sofrimento. É uma vida de paz, mas também de luta. Sim, Senhor, é uma vida na água e no sangue, mas não mais água e sangue que destroem; são água e sangue que vêm de teu coração e, por isso, trazem a reconciliação e a paz.

Eu te adoro, Jesus, enquanto contemplo a ti, a quem feriram. Deixa que o sangue e a água que fluem de teu coração me dêem um novo coração para viver uma nova vida. Sei que neste mundo água e sangue nunca se separarão. Haverá paz e angústia, alegria e lágrimas, amor e agonia. Eles sempre estarão presentes – juntos – guiando-me diariamente para mais perto de ti, que dás o teu Coração a meu coração.

Ó, Senhor Jesus, eu te agradeço, te louvo, te amo. Possam nossos corações ser um só, para que o mundo reconheça que foste tu que me enviaste, não para condenar, mas para oferecer teu Coração a todos os que procuram o amor.

III
"Vede, aqui estão as minhas mãos..."

Na tarde desse mesmo dia, que era o primeiro da semana, estando as portas da casa em que se encontravam os discípulos trancadas por medo dos judeus, Jesus veio, pôs-se no meio deles e lhes disse: "A paz esteja convosco". Enquanto falava, ele lhes mostrou as mãos e o lado. Vendo o Senhor, os discípulos ficaram tomados de intensa alegria. Todavia, Tomé, um dos Doze, aquele a quem chamam Dídimo, não estava entre eles quando Jesus veio. Os outros discípulos lhe disseram: "Nós vimos o Senhor!". Mas ele lhes respondeu: "Se eu não vir em suas mãos a marca dos cravos, se eu não enfiar meu dedo no lugar dos cravos e não enfiar minha mão em seu lado, não acreditarei!". Ora, oito dias mais tarde, os discípulos estavam de novo reunidos na casa e Tomé estava com eles. Jesus veio, com todas as portas trancadas, pôs-se no meio deles e lhes disse: "A paz esteja convosco". Em seguida, disse a Tomé: "Aproxima teu dedo aqui e olha minhas mãos; aproxima tua mão e coloca-a em meu lado, deixa de ser incrédulo e torna-te um homem de fé". Tomé lhe respondeu: "Meu Senhor e meu Deus!". Jesus lhe disse: "Porque me viste, creste; bem-aventurados os que não viram e, contudo, creram".

João 20,19-20.24-29

Querido Senhor Jesus,

Tu, eterna Palavra do Pai, Deus de Deus, Luz da Luz, consubstancial ao Pai, Tu me mostraste teu divino amor ao te tornares carne humana, ao viver nossa vida humana e ao morrer uma morte humana – uma morte de cruz. Mas teu amor é mais forte que a morte. Teu divino amor quebra a prisão da morte e da destruição e, de novo, manifesta-se em teu corpo ressuscitado. Senhor, quem poderá compreender o Coração em que Teu divino amor se fez carne?! Olho para ti novamente. Tu ressuscitaste dos mortos e agora te deixas ver por mim. Tu me dizes: "A paz esteja com você", e me mostras tuas mãos e teu lado feridos. Sim, as chagas de tua cruz são visíveis em teu corpo ressuscitado. Elevo meus olhos a ti e sei que as marcas de teu amor totalmente incondicional encontraram para sempre um lugar em teu corpo glorificado, com o qual tu sobes até teu Pai e meu Pai.

Agora, vejo que todos aqueles que carregas no coração – homens e mulheres sofredores de cada época e lugar sobre a terra – são elevados contigo, não só em tua cruz, mas também em tua ressurreição e, assim, lhes é concedido, aqui e agora, um lugar em teu reino, onde vives com o Pai e o Espírito Santo, pelos séculos sem fim. Agora, vejo que, apesar de ainda estarmos lutando neste mundo, já somos um contigo, que intercedes por nós perante o Pai. Onde está teu Coração, lá nós estamos, filhos de teu Pai celestial. Em teu Coração, estamos para sempre ocultos e presentes diante de Deus. Teu Coração é nosso lar permanente, nosso lugar de repouso, nosso refúgio e esperança.

Senhor Jesus, quando olho a ferida no lado de teu corpo glorificado e tento penetrar o mistério de tua ressurreição, tenho a penosa consciência da timidez, do medo e da dúvida que enchem meu próprio coração. Ainda que tudo em ti se cumpra, ainda que carregues toda a humanidade dentro de teu coração, ainda que me ames sem limite e me guardes nesse amor, vivo como se houvesse algo importante a ser achado fora de ti. Sei onde é meu lar. Sei onde posso habitar tranqüilo. Sei onde posso escutar a voz do amor. Mas ainda assim fico inquieto, à procura de algo que só tu podes dar.

Jesus, olha minha luta e mostra-me tua compaixão. Tu exclamaste: "Venha a mim qualquer um que estiver sedento! Aquele que crer em mim venha e beba!". Mas eu duvido e me sinto puxado em muitas direções.

Com freqüência, ajo como se não estivesses suficientemente visível, suficientemente audível, nem tangível o bastante. É tão fácil ver, ouvir e tocar o mundo a meu redor e, antes que eu me dê conta, já estou vendo-o, ouvindo-o e tocando-o com muita cobiça e luxúria, sempre querendo mais e nunca me sentindo inteiramente satisfeito. E, enquanto me afasto de ti, puxado pelas cores, pelos sons e pela riqueza de meus ambientes, culpo a ti por não ser mais concreto e repito o que teu discípulo Tomé disse: "A menos que eu ponha minhas mãos em seu lado, não acreditarei".

Querido Jesus, por que eu não sou capaz de simplesmente confiar em ti e em todas as maneiras pelas quais já me demonstraste teu amor? Quem teve o privilégio de tomar conhecimento de ti desde o momento em que passou a ter uso da razão? Eu! Quem teve pais, amigos e mestres irradiando teu afeto e carinho? Eu! Quem teve tantas oportunidades de conhecer-te melhor e amar-te mais? Eu! Mesmo assim, permaneço zangado e duvidoso, dizendo: "A menos que eu possa pôr minhas mãos em teu lado, não acreditarei".

És tão paciente, Senhor. Não ficas indignado ou ressentido. Permaneces aí, tomas minha mão e dizes: "Ponha sua mão dentro de meu lado. Não seja mais descrente. Acredite!", Tomas minha mão continuamente e a pões dentro de teu lado ferido. Por muito tempo, senti ciúmes de teus discípulos que viram teu lado traspassado, quando os deixaste ver-te, e de Tomé, que foi autorizado a tocar tuas feridas. Muitas vezes pensei: "Teria sido tão mais fácil crer e me entregar a ti sem reservas se eu estivesse lá com eles!". Mas quando penso assim, já sei que estou me enganando a mim mesmo e que ando buscando uma desculpa para me manter longe de ti.

Querido Jesus, teu coração partido é tão visível e tangível, basta que eu me arrisque a confiar totalmente em ti. Estás tão perto de mim, basta que eu abra os olhos que tu me deste. Tu me dizes: "O que você fez ao menor de meus irmãos, a mim o fez". Os famintos, os sedentos, os nus, os prisioneiros, os refugiados, os solitários, os angustiados, os moribundos, todos eles estão ao redor de mim e me mostram teu coração partido. Eu te vejo cada vez que ando pelas ruas, cada vez que assisto à televisão ou escuto o rádio, cada vez que leio o jornal, cada vez que presto atenção a uma mulher, a um homem ou a uma criança que se aproxima de mim. Vejo-te todas as vezes em que deixo meus olhos contemplarem a dor de todos aqueles com quem convivo. Estás tão perto, mais perto do que eu nunca imaginei até contemplar teu lado traspassado. Estás em minha casa, em minha rua, em minha cidade, em meu país. Estás onde caminho e me assento, onde durmo e me alimento, onde trabalho e brinco. Nunca estás longe de mim.

Senhor Jesus, este não é um pensamento sentimental. Não, é uma realidade bem palpável. Tu, que atraíste todos os povos quando foste elevado ao sumo da dor e da glória, permaneceste conosco como o Senhor ferido e ressuscitado. Sempre que toco teu Coração partido, toco os corações de teu povo ferido; e quando toco os corações de teu povo ferido, toco teu próprio Coração. Teu Coração partido e o coração partido do mundo são um.

Senhor, é verdade. Eu sei disso. Cada vez que venci o medo de minhas próprias feridas, e das feridas dos que me rodeiam, e me atrevi a tocá-las suavemente, senti uma paz e uma alegria nunca imaginadas. Às vezes, bastou sentar-me em silêncio, permitindo à minha solidão vir à tona; às vezes, foi somente ouvir um desconhecido me revelar sua angústia; às vezes, foi acompanhar uma mulher solitária até a morte a libertar; às vezes, foi olhar em silêncio um quadro de Rembrandt ao lado de um amigo; às vezes, foi derramar lágrimas ao segurar alguém que não tinha medo de mim. Senhor, quantas vezes me perdi buscando lugares seguros – altos, poderosos, prestigiosos e bem visíveis. No entanto, quantas vezes senti uma estranha solidão nesses lugares, como se as pessoas ao meu redor tivessem virado marionetes, e tu, um perfeito estranho. Mas, cada vez que decidi retornar a teu Coração, meu próprio coração começou a arder e uma infinita paz me invadiu, a paz que brota das feridas que apalpei.

Senhor Jesus, tu sempre me chamas para mais perto de teu Coração ferido. Nele queres que eu conheça a verdadeira alegria e a verdadeira paz. Aos poucos, percebo que em teu Coração, vendo ou não, ouvindo ou não, tocando ou não, não há contradições. Disseste a Tomé, que ouviu tua voz, viu tuas feridas e tocou teu lado traspassado: "Você crê porque me viu. Felizes aqueles que, sem ter visto, creram". Aí, meu querido Senhor, está o mistério de teu amor. Eu não te vi e, todavia, realmente te vejo cada vez que olho os corpos quebrados de meus companheiros, os seres humanos. Não te ouvi, porém realmente te ouço cada vez que ouço os gritos lançados pelos homens, mulheres e crianças que sofrem. Não te toquei, porém eu te toco todas as vezes que toco aqueles que me procuram em sua solidão. Em meio a tanta destruição e sofrimento humano, vejo, ouço e toco o coração da humanidade, tua humanidade, a humanidade de todos os povos abraçados por teu amor.

Obrigado, Jesus, por teu Coração. Obrigado por ter-me revelado teu Coração. Obrigado por deixar-me ver sem ver, ouvir sem ouvir, tocar sem tocar. Obrigado por deixar-me crer cada dia mais, esperar cada dia mais e amar cada dia mais.

Meu coração é pequeno, cheio de medo e muito tímido. Sempre será assim. Mas tu dizes: "Venham ao meu Coração. Meu Coração é manso e humilde e verdadeiramente partido como o de vocês. Não temam. Venham e deixem seus corações descansarem no meu e confiem que tudo dará certo". Eu quero, Jesus, ir e ficar contigo. Aqui estou, Senhor, toma meu coração e transforma-o num coração cheio de teu amor.

EPÍLOGO

Em 28 de março de 1988, no mesmo dia em que fui visitar os trapistas, a senhora Pauline Vanier celebrou seus 90 anos com a comunidade da Arca, em Trosly. Dois anos antes, quando estive em sua casa, ela me disse: "É muito duro para mim não poder ir novamente a meu amado Canadá e visitar meus filhos e meus amigos". Naquele tempo, sua saúde estava frágil e, na verdade, parecia que seria bastante cansativo fazer uma viagem assim.

Mas depois ela melhorou, ficou mais forte e, no final de 1986, foi-lhe possível fazer uma visita a Montreal, onde passou alguns dias com seu filho trapista, Benedict, em seu mosteiro em Oka. Quando voltou à França, ela achou que esta tivesse sido sua última viagem ao Canadá. Mas não foi. Em 12 de abril, duas semanas depois da celebração de seu aniversário, ela voou de Paris a Toronto e ficou cinco dias em Dayspring, uma casa de oração na comunidade de Daybreak, que havia sido recentemente aberta para oferecer aos membros da Arca na América do Norte um local de aprofundamento da vida espiritual.

Quando escrevi minhas orações ao Coração de Jesus, repentinamente percebi que estas orações poderiam ser meu presente de aniversário para "mamãe" Vanier. Assim, minha secretária, Connie Ellis, datilografou-as, transformou-as num pequeno livro e colocou-o sobre a mesa do quarto de "mamãe" Vanier em Dayspring, juntamente com algumas flores e uma carta de boas-vindas.

Escrevi-lhe dizendo como estava feliz por sua vinda a Dayspring e expressei meu profundo pesar por não poder estar lá. A respeito das orações, eu disse algo apologético: "Escrevi estas orações ao Coração de Jesus de coração a Coração, impulsionado por seus constantes lembretes. Elas são orações simples. Eu sentia que não poderia escrever um livro sobre o Coração de Jesus antes de saber como o meu próprio coração falaria. Espero que a senhora aceite estas orações como sinal de meu amor por Jesus e de minha profunda gratidão à senhora, que me conduziu para mais perto de seu Coração".

Epílogo

Quando falei com ela por telefone, agradeceu-me pelas orações e disse: "Você sabe que meus olhos estão tão ruins que não posso lê-las, mas espero que alguém as grave para mim numa fita para que eu possa ouvi-las". Eu disse: "Provavelmente eu possa gravá-las, mas gostaria que alguém as lesse para a senhora".

Alguns dias mais tarde, Sue Mosteller, que por catorze anos vem ajudando a formar a comunidade de Daybreak e que agora é diretora de Dayspring, leu a primeira oração para "mamãe" Vanier. Logo depois ela me telefonou e disse: "Henri, é isto mesmo! Não precisa polir. Isto veio de seu coração e fala tudo sobre o Coração de Jesus. Estou emocionada, obrigada, obrigada".

Quando ouvi sua voz trêmula, o mesmo tremor que ouvi quando ela me pediu para escrever pela primeira vez, um sentimento de profunda gratidão invadiu-me. Algo que nunca esperei aconteceu. Algo em mim, algo nela, algo entre nós: algo novo que veio do Coração de Jesus, algo que cura profundamente. Quase não tínhamos palavras para dizer um ao outro ao telefone. Ambos sabíamos que o Coração de Deus é infinitamente maior que o nosso, e que o silêncio é, muitas vezes, melhor que palavras.

Sue leu as três orações para ela. Logo depois, "mamãe" Vanier deixou Dayspring para visitar seu filho trapista e alguns amigos em Montreal. Depois, ela voltou para a França, para sua casa em Trosly.

Quando penso naquela casa e imagino sua sala em minha mente, vejo lá o ícone de João, inclinado sobre o peito de Jesus, e sei que ambos, "mamãe" Vanier e eu, agora o vemos com novos olhos.

Espero e peço que todos que rezarem estas orações conosco também experimentem o amor renovado e curador que brota do Coração de Jesus.

OBRA COMPLETA

PADRE ANTÓNIO VIEIRA

OBRA INÉDITA NO BRASIL • DIVIDIDA EM BLOCOS TEMÁTICOS • 30 VOLUMES

Mais de quatro séculos depois do nascimento de Padre António Vieira, só agora, em pleno século XXI, sua obra completa é editada no Brasil. Um ambicioso projeto concretizado por Edições Loyola.

Para adquirir:
11 3385.8500
vendas@loyola.com.br
www.loyola.com.br

Suma
teológica

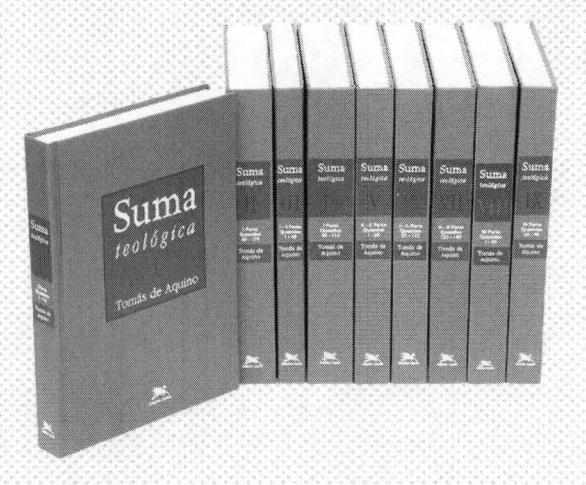

Reunindo em forma de compêndio importantes tratados filosóficos, religiosos e místicos, Santo Tomás de Aquino, através da Suma teológica, procurou estabelecer parâmetros a todos os que se iniciam no estudo do saber da teologia. Dividida em nove volumes, a obra permanece como um dos mais relevantes escritos do cristianismo de todos os tempos.

Para adquirir:
11 3385.8500
vendas@loyola.com.br
www.loyola.com.br

Edições Loyola é uma obra da Companhia de Jesus do Brasil e foi fundada em 1958. De inspiração cristã, tem como maior objetivo o desenvolvimento integral do ser humano. Atua como editora de livros e revistas e também como gráfica, que atende às demandas internas e externas. Por meio de suas publicações, promove fé, justiça e cultura.

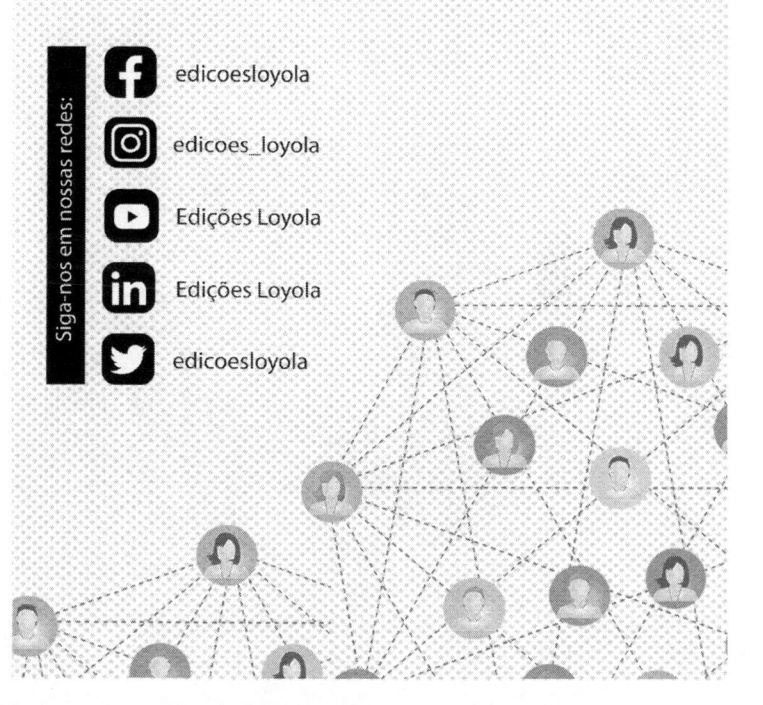

Siga-nos em nossas redes:

- edicoesloyola
- edicoes_loyola
- Edições Loyola
- Edições Loyola
- edicoesloyola

Edições Loyola

editoração impressão acabamento

rua 1822 n° 341
04216-000 são paulo sp
T 55 11 3385 8500/8501 · 2063 4275
www.loyola.com.br